LIBRO DE COCINA 2021

INSTANT VORTEX

AIR FRYER

RECETARIO DE COMIDAS SUPER FACILES

PILAR VIDAL

Tabla de contenido

Empanadas Clásicas de Camarones

Tiempo de preparación: 10 minutos | Tiempo de cocción: 8 minutos | Para 5 porciones

½ libra (227 g) de camarones crudos, pelados, desvenados y picados

¼ de taza de cebolla morada picada

1 cebolleta picada

2 dientes de ajo picados

2 cucharadas de pimiento rojo picado

2 cucharadas de cilantro fresco picado

½ cucharada de jugo de limón verde fresco

¼ de cucharadita de pimentón dulce

⅛ cucharadita de sal kosher

⅛ cucharadita de hojuelas de pimiento rojo triturado (opcional)

1 huevo grande, batido

10 Discos de Empanada Goya congelados, descongelados

Spray para cocinar

1. En un tazón mediano, combine los camarones, la cebolla morada, la cebolleta, el ajo, el pimiento, el cilantro, el jugo de lima, el pimentón, la sal y las hojuelas de pimienta (si se usa).

2. En un tazón pequeño, bata el huevo con 1 cucharadita de agua hasta que quede suave.

3. Coloca un disco de empanadas en una superficie de trabajo y pon 2 cucharadas de la mezcla de camarones en el centro. Cepille los bordes exteriores del disco con el huevo batido. Doble el disco y presione suavemente los bordes para sellar. Use un tenedor y presione alrededor de los bordes para rizar y sellar completamente. Cepille la parte superior de las empanadas con el huevo batido.

4. Ajuste la temperatura del horno de la freidora a 380ºF (193ºC). Presione Iniciar para comenzar a precalentar.

5. Rocíe el fondo de la sartén perforada del horno de la freidora con aceite en aerosol para evitar que se pegue. Trabajando en tandas, coloque una sola capa de las empanadas en la sartén perforada del horno de la freidora y fría al aire durante unos 8 minutos, volteando hasta la mitad, hasta que estén doradas y crujientes.

6. Servir caliente.

Hamburguesas de salmón confeti

Tiempo de preparación: 10 minutos | Tiempo de cocción: 12 minutos | Para 4 personas

14 onzas (397 g) de salmón fresco o enlatado cocido, desmenuzado con un tenedor

¼ de taza de cebollín picado, solo las partes blancas y verde claro

¼ taza de pimiento rojo picado

¼ de taza de apio picado

2 limones pequeños

1 cucharadita de condimento para hervir cangrejo como Old Bay

½ cucharadita de sal kosher

½ cucharadita de pimienta negra

1 huevo batido

½ taza de pan rallado fresco

Aceite vegetal para pulverizar

1. En un tazón grande, combine el salmón, las verduras, la ralladura y el jugo de 1 de los limones, el condimento para hervir el cangrejo, la sal y la pimienta. Agregue el huevo y el pan rallado y revuelva para combinar. Forme la mezcla en 4 hamburguesas que pesen aproximadamente 5 onzas (142 g) cada una. Enfríe hasta que esté firme, unos 15 minutos.

2. Fije la temperatura del horno de la freidora a 400ºF (204ºC). Presione Iniciar para comenzar a precalentar.

3. Rocíe las hamburguesas de salmón con aceite por todos lados y rocíe la sartén perforada del horno de la freidora. Fríe al aire durante 12 minutos, volteando a la mitad, hasta que las hamburguesas estén doradas y bien cocidas. Corta el limón restante en 4 gajos y sírvelos con las hamburguesas. Servir inmediatamente.

Dedos de trucha con costra de harina de maíz

Tiempo de preparación: 15 minutos | Tiempo de cocción: 6 minutos | 2 porciones

½ taza de harina de maíz amarilla, mediana o finamente molida (no gruesa)

$^1/_3$ taza de harina para todo uso

1½ cucharaditas de levadura en polvo

1 cucharadita de sal kosher, y más según sea necesario

½ cucharadita de pimienta negra recién molida, y más según sea necesario

⅛ cucharadita de pimienta de cayena

¾ de libra (340 g) de filetes de trucha sin piel, cortados en tiras de 1 pulgada de ancho y 3 pulgadas de largo

3 huevos grandes, ligeramente batidos

Spray para cocinar

½ taza de mayonesa

2 cucharadas de alcaparras, enjuagadas y finamente picadas

1 cucharada de estragón fresco

1 cucharadita de jugo de limón fresco, más rodajas de limón, para servir

1. Fije la temperatura del horno de la freidora a 400ºF (204ºC). Presione Iniciar para comenzar a precalentar.

2. En un tazón grande, mezcle la harina de maíz, la harina, el polvo de hornear, la sal, la pimienta negra y la

10

pimienta de cayena. Sumerja las tiras de trucha en el huevo, luego mézclelas en la mezcla de harina de maíz hasta que estén completamente cubiertas. Transfiera la trucha a una rejilla colocada sobre una bandeja para hornear y rocíe generosamente con aceite en aerosol.

3. Transfiera la mitad del pescado al horno de la freidora y fríalo al aire hasta que el pescado esté bien cocido y dorado, aproximadamente 6 minutos. Transfiera los palitos de pescado a un plato y repita con el pescado restante.

4. Mientras tanto, en un bol, mezcle la mayonesa, las alcaparras, el estragón y el jugo de limón. Sazone la salsa tártara con sal y pimienta negra.

5. Sirve los dedos de trucha calientes junto con la salsa tártara y las rodajas de limón.

Camarones campestres

Tiempo de preparación: 10 minutos | Tiempo de cocción: 15 a 20 minutos | Para 4 personas

454 g (1 libra) de camarones grandes, desvenados, con cola

454 g (1 libra) de salchicha de pavo ahumada, cortada en rodajas gruesas

2 mazorcas de maíz, en cuartos

1 calabacín, cortado en trozos pequeños

1 pimiento morrón rojo cortado en trozos

1 cucharada de condimento Old Bay

2 cucharadas de aceite de oliva

Spray para cocinar

1. Fije la temperatura del horno de la freidora a 400ºF (204ºC). Presione Iniciar para comenzar a precalentar. Rocíe ligeramente la sartén perforada de la freidora con aceite en aerosol.

2. En un tazón grande, mezcle los camarones, la salchicha de pavo, el maíz, el calabacín, el pimiento y el condimento Old Bay, y mezcle para cubrir con las especias. Agregue las 2 cucharadas de aceite de oliva y mezcle nuevamente hasta que esté uniformemente cubierto.

3. Extienda la mezcla en la sartén perforada de la freidora en una sola capa. Deberá cocinar por lotes.

4. Fríe al aire durante 15 a 20 minutos, o hasta que esté bien cocido, agitando la sartén perforada cada 5 minutos para una cocción uniforme.

5. Servir inmediatamente.

Sándwich de pastel de cangrejo

Tiempo de preparación: 15 minutos | Tiempo de cocción: 10 minutos | Para 4 personas

Pasteles de cangrejo:

½ taza de pan rallado panko

1 huevo grande, batido

1 clara de huevo grande

1 cucharada de mayonesa

1 cucharadita de mostaza de Dijon

¼ taza de perejil fresco picado

1 cucharada de jugo de limón fresco

½ cucharadita de condimento Old Bay

⅛ cucharadita de pimentón dulce

⅛ cucharadita de sal kosher

Pimienta negra recién molida, al gusto

10 onzas (283 g) de carne de cangrejo en trozos

Spray para cocinar

Mayo Cajún:

¼ de taza de mayonesa

1 cucharada de pepinillo encurtido picado

1 cucharadita de jugo de limón fresco

¾ cucharadita de condimento cajún

Para servir:

4 hojas de lechuga Boston

4 bollos de patata de trigo integral o bollos sin gluten

1. Para los pasteles de cangrejo: En un tazón grande, combine el panko, el huevo entero, la clara de huevo, la mayonesa, la mostaza, el perejil, el jugo de limón, Old Bay, el pimentón, la sal y la pimienta al gusto y mezcle bien. Doble la carne de cangrejo, teniendo cuidado de no mezclar demasiado. Con cuidado, forme 4 hamburguesas redondas, de aproximadamente ½ taza cada una, de ¾ de pulgada de grosor. Rocíe ambos lados con aceite.

2. Fije la temperatura del horno de la freidora a 370ºF (188ºC). Presione Iniciar para comenzar a precalentar.

3. Trabajando en lotes, coloque los pasteles de cangrejo en la sartén perforada del horno de la freidora. Fríe al aire durante unos 10 minutos, volteando hasta la mitad, hasta que los bordes estén dorados.

4. Mientras tanto, para la mayonesa cajún: en un tazón pequeño, combine la mayonesa, el pepinillo, el jugo de limón y el condimento cajún.

5. Para servir: Coloque una hoja de lechuga en la base de cada panecillo y cubra con un pastel de cangrejo y una generosa cucharada de mayonesa cajún. Agregue la parte superior del panecillo y sirva.

Tortitas de cangrejo con ensalada de lechuga y manzana

Tiempo de preparación: 10 minutos | Tiempo de cocción: 13 minutos | 2 porciones

8 onzas (227 g) de carne de cangrejo en trozos, recogido para las conchas

2 cucharadas de pan rallado panko

1 cebolleta picada

1 huevo grande

1 cucharada de mayonesa

1½ cucharaditas de mostaza de Dijon

Pizca de pimienta de cayena

2 chalotas, en rodajas finas

1 cucharada de aceite de oliva extra virgen, dividida

1 cucharadita de jugo de limón, más rodajas de limón para servir

⅛ cucharadita de sal

Pizca de pimienta

½ (3 onzas / 85 g) de lechuga Bibb de cabeza pequeña, cortada en trozos pequeños

½ manzana, sin corazón y en rodajas finas

1. Fije la temperatura del horno de la freidora a 400ºF (204ºC). Presione Iniciar para comenzar a precalentar.

2. Forre un plato grande con una capa triple de toallas de papel. Transfiera la carne de cangrejo al plato preparado y seque con toallas de papel adicionales. Combine el panko, la cebolleta, el huevo, la mayonesa, la mostaza y la pimienta de cayena en un tazón. Con una espátula de goma, doble suavemente la carne de cangrejo hasta que se combine; deseche las toallas de papel. Divida la mezcla de cangrejo en 4 bolas bien compactas, luego aplaste cada una en una torta de 1 pulgada de grosor (las tortas serán delicadas). Transfiera los pasteles a un plato ahora vacío y refrigere hasta que estén firmes, aproximadamente 10 minutos.

3. Mezcle las chalotas con ½ cucharadita de aceite en un recipiente aparte; Transfiera a la sartén perforada del horno de la freidora. Fríe al aire hasta que las chalotas se doren, de 5 a 7 minutos, revolviendo una vez a la mitad de la cocción. Regrese las chalotas al tazón ahora vacío y reserve.

4. Coloque los pasteles de cangrejo en una sartén perforada para horno de freidora, espaciados uniformemente. Regrese la sartén perforada al horno de la freidora y fría al aire hasta que los pasteles de cangrejo estén ligeramente dorados por ambos lados, de 8 a 10 minutos, volteando y girando los pasteles a la mitad de la cocción.

5. Mientras tanto, mezcle las 2½ cucharaditas de aceite restantes, el jugo de limón, la sal y la pimienta en un tazón grande. Agregue lechuga, manzana y chalotes y revuelva para cubrir. Sirve los pasteles de cangrejo con ensalada, pasando las rodajas de limón por separado.

Tortitas de cangrejo con mayonesa de Sriracha

Tiempo de preparación: 15 minutos | Tiempo de cocción: 10 minutos | Para 4 personas

Sriracha Mayonnais e:

1 taza de mayonesa

1 cucharada de sriracha

1½ cucharaditas de jugo de limón recién exprimido

Pasteles de cangrejo :

1 cucharadita de aceite de oliva extra virgen

¼ taza de pimiento rojo finamente picado

¼ de taza de cebolla picada

¼ de taza de apio cortado en cubitos

454 g (1 libra) de carne de cangrejo en trozos

1 cucharadita de condimento Old Bay

1 huevo

1½ cucharaditas de jugo de limón recién exprimido

1¾ tazas de pan rallado panko, dividido

Aceite vegetal para pulverizar

1. Mezcle la mayonesa, la sriracha y el jugo de limón en un tazón pequeño. Coloque $^2/_3$ taza de la mezcla en un recipiente aparte para formar la base de los pasteles de cangrejo. Cubre la mayonesa de sriracha restante y

refrigera. (Esto se convertirá en salsa para mojar los pasteles de cangrejo una vez que estén cocidos).

2. Caliente el aceite de oliva en una sartén mediana de fondo grueso a fuego medio-alto. Agregue el pimiento morrón, la cebolla y el apio y saltee durante 3 minutos. Transfiera las verduras al bol con la $^2/_3$ taza de mayonesa sriracha reservada. Mezcle el cangrejo, el condimento Old Bay, el huevo y el jugo de limón. Agrega 1 taza de panko. Forme 8 tortas con la mezcla de cangrejo. Draga los pasteles en el ¾ de taza restante de panko, volteándolos para cubrirlos. Coloque en una bandeja para hornear. Cubra y refrigere durante al menos 1 hora y hasta 8 horas.

3. Ajuste la temperatura del horno de la freidora a 375ºF (191ºC). Presione Iniciar para comenzar a precalentar. Rocíe la sartén perforada del horno de la freidora con aceite. Trabajando en lotes según sea necesario para no abarrotar el molde perforado, coloque los pasteles de cangrejo enfriados en una sola capa en el molde perforado. Rocía los pasteles de cangrejo con aceite. Hornee hasta que estén doradas, de 8 a 10 minutos, volteando con cuidado a la mitad de la cocción. Retirar a una fuente y mantener caliente. Repita con los pasteles de cangrejo restantes según sea necesario. Sirva los

pasteles de cangrejo inmediatamente con salsa de mayonesa sriracha.

Cazuela Criolla De Cangrejos

Tiempo de preparación: 20 minutos | Tiempo de cocción: 25 minutos | Para 4 personas

1½ tazas de carne de cangrejo

½ taza de apio picado

½ taza de cebolla picada

½ taza de pimiento morrón verde picado

2 huevos grandes, batidos

1 taza mitad y mitad

1 cucharada de mantequilla derretida

1 cucharada de maicena

1 cucharadita de condimento criollo

¾ cucharadita de sal

½ cucharadita de pimienta negra recién molida

1 taza de queso cheddar rallado

Spray para cocinar

1. En un tazón mediano, mezcle el cangrejo, el apio, la cebolla y el pimiento verde.

2. En otro tazón mediano, bata los huevos, mitad y mitad, la mantequilla, la maicena, el condimento criollo, la sal y la pimienta hasta que se mezclen. Agrega la mezcla de huevo a la mezcla de cangrejos. Agregue el queso y revuelva para combinar.

3. Ajuste la temperatura del horno de la freidora a 300ºF (149ºC). Presione Iniciar para comenzar a precalentar. Rocíe una bandeja para hornear con aceite.

4. Transfiera la mezcla de cangrejos a la sartén preparada y colóquela en el horno freidora.

5. Hornea por 25 minutos, revolviendo cada 10 minutos, hasta que al insertar un cuchillo en el centro salga limpio.

6. Servir inmediatamente.

Tiras crujientes de bagre

Tiempo de preparación: 5 minutos | Tiempo de cocción: 16 a 18 minutos | Para 4 personas

1 taza de suero de leche

5 filetes de bagre, cortados en tiras de 1½ pulgada

Spray para cocinar

1 taza de harina de maíz

1 cucharada de condimento criollo, cajún o Old Bay

1. Vierta el suero de leche en una fuente para hornear poco profunda. Coloque el bagre en el plato y refrigere durante al menos 1 hora para ayudar a eliminar cualquier sabor a pescado.

2. Fije la temperatura del horno de la freidora a 400ºF (204ºC). Presione Iniciar para comenzar a precalentar. Rocíe ligeramente la sartén perforada del horno de la freidora con aceite en aerosol.

3. En un tazón poco profundo, combine la harina de maíz y el condimento criollo.

4. Sacuda el exceso de suero de leche del bagre. Coloque cada tira en la mezcla de harina de maíz y cúbrala completamente. Presione suavemente la harina de maíz en el bagre para que se pegue.

5. Coloque las tiras en la sartén perforada de la freidora en una sola capa. Rocíe ligeramente el bagre con aceite en aerosol. Es posible que deba cocinar el bagre en más de un lote.

6. Freír al aire durante 8 minutos. Dé la vuelta a las tiras de bagre y rocíe ligeramente con aceite en aerosol. Fríe al aire hasta que estén doradas y crujientes, de 8 a 10 minutos más.

7. Sirva caliente.

Camarones crujientes con coco

Tiempo de preparación: 15 minutos | Tiempo de cocción: 8 minutos | Para 4 personas

Mayonesa de Chile Dulce:

3 cucharadas de mayonesa

3 cucharadas de salsa de chile dulce tailandesa

1 cucharada de salsa Sriracha

Camarón:

$^2/_3$ taza de coco rallado endulzado

$^2/_3$ taza de pan rallado panko

Sal kosher, al gusto

2 cucharadas de harina para todo uso o sin gluten

2 huevos grandes

24 camarones extra-jumbo (aproximadamente 1 libra / 454 g), pelados y desvenados

Spray para cocinar

1. En un tazón mediano, combine la mayonesa, la salsa de chile dulce tailandesa y la Sriracha y mezcle bien.

2. En un tazón mediano, combine el coco, el panko y ¼ de cucharadita de sal. Coloque la harina en un tazón poco profundo. Batir los huevos en otro recipiente poco profundo.

3. Sazone los camarones con ⅛ de cucharadita de sal. Sumerja los camarones en la harina, sacudiendo el

26

exceso, luego en el huevo. Cubra con la mezcla de coco y panko, presionando suavemente para que se adhiera, luego transfiera a un plato grande. Rocíe ambos lados de los camarones con aceite.

4. Ajuste la temperatura del horno de la freidora a 360ºF (182ºC). Presione Iniciar para comenzar a precalentar.

5. Trabajando en lotes, coloque una sola capa de camarones en la sartén perforada del horno de la freidora. Fríe al aire durante unos 8 minutos, volteando a la mitad, hasta que la corteza esté dorada y los camarones estén bien cocidos.

6. Sirva con la mayonesa de chile dulce para mojar.

Tortas de bacalao crujientes con ensalada verde

Tiempo de preparación: 15 minutos | Tiempo de cocción: 12 minutos | Para 4 personas

454 g (1 libra) de filetes de bacalao, cortados en trozos

$^1/_3$ taza de hojas de albahaca frescas empaquetadas

3 dientes de ajo machacados

½ cucharadita de pimentón ahumado

¼ de cucharadita de sal

¼ de cucharadita de pimienta

1 huevo grande, batido

1 taza de pan rallado panko

Spray para cocinar

Ensalada de hojas verdes, para servir

1. En un procesador de alimentos, pulse el bacalao, la albahaca, el ajo, el pimentón ahumado, la sal y la pimienta hasta que el bacalao esté finamente picado, revolviendo de vez en cuando. Forme 8 hamburguesas de aproximadamente 2 pulgadas de diámetro. Sumerja cada uno primero en el huevo, luego en el panko, dando palmaditas para que se adhieran. Rocíe con aceite por un lado.

2. Fije la temperatura del horno de la freidora a 400ºF (204ºC). Presione Iniciar para comenzar a precalentar.

3. Trabajando en lotes, coloque la mitad de los pasteles en el molde perforado, con el lado del aceite hacia abajo; rocíe con aceite. Freír al aire durante 12 minutos, hasta que estén dorados y bien cocidos.

4. Sirva pasteles de bacalao con ensalada de verduras.

Filetes De Bacalao Fritos Al Aire Crujientes

Tiempo de preparación: 10 minutos | Tiempo de cocción: 12 minutos | 2 porciones

$^1/_3$ taza de pan rallado panko

1 cucharadita de aceite vegetal

1 chalota pequeña, picada

1 diente de ajo pequeño, picado

½ cucharadita de tomillo fresco picado o ⅛ cucharadita seca

Sal y pimienta para probar

1 cucharada de perejil fresco picado

1 cucharada de mayonesa

1 yema de huevo grande

¼ de cucharadita de ralladura de limón, más rodajas de limón para servir

2 (8 onzas / 227 g) filetes de bacalao sin piel, 1¼ pulgadas de grosor

Spray de aceite vegetal

1. Ajuste la temperatura del horno de la freidora a 300ºF (149ºC). Presione Iniciar para comenzar a precalentar.

2. Haga una eslinga de papel de aluminio para la sartén perforada del horno de la freidora de aire doblando 1 hoja larga de papel de aluminio para que tenga 4 pulgadas de ancho. Coloque una hoja de papel de aluminio a lo ancho a lo largo del molde perforado, presionando el papel de aluminio hacia los lados del

molde perforado y hacia arriba. Doble el exceso de papel de aluminio según sea necesario para que los bordes del papel de aluminio queden al ras con la parte superior del molde perforado. Rocíe ligeramente el papel de aluminio y la sartén perforada con aceite vegetal en aerosol.

3. Mezcle el panko con el aceite en un bol hasta que esté uniformemente cubierto. Agregue la chalota, el ajo, el tomillo, ¼ de cucharadita de sal y ⅛ de cucharadita de pimienta. Cocine en el microondas, revolviendo con frecuencia, hasta que el panko esté ligeramente dorado, aproximadamente 2 minutos. Transfiera a un plato poco profundo y deje enfriar un poco; agregue el perejil. Batir la mayonesa, la yema de huevo, la ralladura de limón y ⅛ de cucharadita de pimienta en otro tazón.

4. Seque el bacalao con toallas de papel y sazone con sal y pimienta. Coloque los filetes con la piel hacia abajo en un plato y unte la parte superior uniformemente con la mezcla de mayonesa. Trabajando con 1 filete a la vez, drague el lado recubierto en la mezcla de panko, presionando suavemente para que se adhiera. Coloque los filetes con la miga hacia arriba en una honda en el molde perforado preparado, espaciados uniformemente.

5. Hornee durante 12 a 16 minutos, usando una eslinga para rotar los filetes a la mitad de la cocción. Con un cabestrillo, retire con cuidado el bacalao del horno de la freidora. Sirve con rodajas de limón.

Croquetas de Pescado con Alioli de Limón y Eneldo

Tiempo de preparación: 15 minutos | Tiempo de cocción: 10 minutos | Para 4 personas

Croquetas:

3 huevos grandes, divididos

12 onzas (340 g) de filete de bacalao crudo, desmenuzado con dos tenedores

¼ taza de leche al 1%

½ taza de puré de papas instantáneo en caja

2 cucharaditas de aceite de oliva

$^1/_3$ taza de eneldo fresco picado

1 chalota picada

1 diente de ajo grande, picado

¾ taza más 2 cucharadas de pan rallado, dividido

1 cucharadita de jugo de limón fresco

1 cucharadita de sal kosher

½ cucharadita de tomillo seco

¼ de cucharadita de pimienta negra recién molida

Spray para cocinar

Alioli de limón y eneldo:

5 cucharadas de mayonesa

Jugo de ½ limón

1 cucharada de eneldo fresco picado

1. Para las croquetas: En un tazón mediano, bata ligeramente 2 de los huevos. Agregue el pescado, la leche, el puré de papas instantáneo, el aceite de oliva, el eneldo, la chalota, el ajo, 2 cucharadas de pan rallado, el jugo de limón, la sal, el tomillo y la pimienta. Mezclar para combinar bien. Coloque en el refrigerador durante 30 minutos.

2. Para el alioli de limón y eneldo: En un tazón pequeño, combine la mayonesa, el jugo de limón y el eneldo. Dejar de lado.

3. Mida aproximadamente 3½ cucharadas de la mezcla de pescado y enrolle suavemente en las manos para formar un tronco de aproximadamente 3 pulgadas de largo. Repita para hacer un total de 12 registros.

4. Batir el huevo restante en un tazón pequeño. Coloque el ¾ de taza de pan rallado restante en un recipiente aparte. Sumerja las croquetas en el huevo, luego cúbralas con el pan rallado, presionando suavemente para que se adhieran. Coloque sobre una superficie de trabajo y rocíe ambos lados con aceite en aerosol.

5. Ajuste la temperatura del horno de la freidora a 350ºF (177ºC). Presione Iniciar para comenzar a precalentar.

6. Trabajando en lotes, coloque una sola capa de las croquetas en la sartén perforada del horno freidora.

Fríe al aire durante unos 10 minutos, volteando hasta la mitad, hasta que esté dorado.

7. Sirve con el alioli para mojar.

Sándwich de Pescado con Salsa Tártara

Tiempo de preparación: 10 minutos | Tiempo de cocción: 17 minutos | 2 porciones

Salsa tártara:

½ taza de mayonesa

2 cucharadas de cebolla picada seca

1 lanza de pepinillo al eneldo, finamente picada

2 cucharaditas de jugo de pepinillos

¼ de cucharadita de sal

⅛ cucharadita de pimienta negra molida

Pescado:

2 cucharadas de harina para todo uso

1 huevo, ligeramente batido

1 taza de panko

2 cucharaditas de pimienta de limón

2 filetes de tilapia

Spray para cocinar

2 bollos de hoagie

1. Fije la temperatura del horno de la freidora a 400ºF (204ºC). Presione Iniciar para comenzar a precalentar.

2. En un tazón pequeño, combine la mayonesa, la cebolla picada seca, el pepinillo, el jugo de pepinillo, la sal y la pimienta.

3. Batir para combinar y enfriar en el refrigerador mientras prepara el pescado.

4. Coloque un forro de pergamino en la sartén perforada del horno de la freidora.

5. Coloque la harina en un plato; dejar de lado.

6. Pon el huevo batido en un tazón mediano y poco profundo.

7. En otro plato, mezcle para combinar el panko y la pimienta de limón.

8. Drague los filetes de tilapia en la harina, luego sumérjalos en el huevo y luego presione en la mezcla de panko.

9. Coloque los filetes preparados en el revestimiento en el horno de la freidora en una sola capa.

10. Rocíe ligeramente con aceite en aerosol y fría al aire durante 8 minutos. Voltee con cuidado los filetes, rocíe con más aceite en aerosol y fría al aire durante 9 minutos más, hasta que estén dorados y crujientes.

11. Coloque cada filete cocido en un hoagie roll, cubra con un poco de salsa tártara y sirva.

Bagre Frito con Salsa Dijon

Tiempo de preparación: 20 minutos | Tiempo de cocción: 7 minutos | Para 4 personas

4 cucharadas de mantequilla derretida

2 cucharaditas de salsa Worcestershire, cantidad dividida

1 cucharadita de pimienta de limón

1 taza de pan rallado panko

4 (4 onzas / 113 g) filetes de bagre

Spray para cocinar

½ taza de crema agria

1 cucharada de mostaza de Dijon

1. En un tazón poco profundo, mezcle la mantequilla derretida, 1 cucharadita de salsa Worcestershire y la pimienta de limón. Coloque el pan rallado en otro recipiente poco profundo.

2. Uno a la vez, sumerja ambos lados de los filetes en la mezcla de mantequilla, luego el pan rallado, cubriendo bien.

3. Ajuste la temperatura del horno de la freidora a 300ºF (149ºC). Presione Iniciar para comenzar a precalentar. Cubra la bandeja perforada del horno de la freidora con papel pergamino.

4. Coloque el pescado rebozado sobre el pergamino y rocíe con aceite.

5. Hornea por 4 minutos. Dar la vuelta al pescado, rociarlo con aceite y hornear de 3 a 6 minutos más, dependiendo del grosor de los filetes, hasta que se desmenuce fácilmente con un tenedor.

6. En un tazón pequeño, mezcle la crema agria, Dijon y la cucharadita restante de salsa Worcestershire. Esta salsa se puede preparar con 1 día de anticipación y refrigerar antes de servir. Sirve con el pescado frito.

Camarón frito

Tiempo de preparación: 15 minutos | Tiempo de cocción: 5 minutos | Para 4 personas

½ taza de harina con levadura

1 cucharadita de pimentón

1 cucharadita de sal

½ cucharadita de pimienta negra recién molida

1 huevo grande, batido

1 taza de pan rallado panko finamente triturado

20 camarones grandes congelados (aproximadamente 1 libra / 907 g), pelados y desvenados

Spray para cocinar

1. En un tazón poco profundo, bata la harina, el pimentón, la sal y la pimienta hasta que se mezclen. Agregue el huevo batido a un segundo tazón poco profundo y el pan rallado a un tercero.

2. Uno a la vez, sumerja los camarones en la harina, el huevo y el pan rallado, cubriendo bien.

3. Fije la temperatura del horno de la freidora a 400ºF (204ºC). Presione Iniciar para comenzar a precalentar. Cubra la bandeja perforada del horno de la freidora con papel pergamino.

4. Coloque los camarones en el pergamino y rocíe con aceite.

5. Freír al aire durante 2 minutos. Agita la sartén perforada, rocía los camarones con aceite y fríelos al aire durante 3 minutos más hasta que estén ligeramente dorados y crujientes. Servir caliente.

Tilapia de ajo y limón

Tiempo de preparación: 5 minutos | Tiempo de cocción: 10 a 15 minutos | Para 4 personas

1 cucharada de jugo de limón

1 cucharada de aceite de oliva

1 cucharadita de ajo picado

½ cucharadita de chile en polvo

4 filetes de tilapia (6 onzas / 170 g)

1. Ajuste la temperatura del horno de la freidora a 380ºF (193ºC). Presione Iniciar para comenzar a precalentar. Cubra la bandeja perforada del horno de la freidora con papel pergamino.

2. En un tazón grande y poco profundo, mezcle el jugo de limón, el aceite de oliva, el ajo y el chile en polvo para hacer una marinada. Coloque los filetes de tilapia en el tazón y cubra uniformemente.

3. Coloque los filetes en el molde perforado en una sola capa, dejando espacio entre cada filete. Es posible que deba cocinar en más de un lote.

4. Fríe al aire hasta que el pescado esté cocido y se desmenuce fácilmente con un tenedor, de 10 a 15 minutos.

5. Servir caliente.

Camarones al curry verde

Tiempo de preparación: 15 minutos | Tiempo de cocción: 5 minutos | Para 4 personas

1 a 2 cucharadas de pasta de curry verde tailandés

2 cucharadas de aceite de coco derretido

1 cucharada media y media o leche de coco

1 cucharadita de salsa de pescado

1 cucharadita de salsa de soja

1 cucharadita de jengibre fresco picado

1 diente de ajo picado

1 libra (454 g) de camarones crudos jumbo, pelados y desvenados

¼ de taza de albahaca tailandesa fresca picada o albahaca dulce

¼ taza de cilantro fresco picado

1. En una bandeja para hornear, combine la pasta de curry, aceite de coco, mitad y mitad, salsa de pescado, salsa de soja, jengibre y ajo. Batir hasta que esté bien combinado.

2. Agregue los camarones y revuelva hasta que estén bien cubiertos. Deje marinar a temperatura ambiente durante 15 a 30 minutos.

3. Fije la temperatura del horno de la freidora a 400ºF (204ºC). Presione Iniciar para comenzar a precalentar.

4. Coloque la sartén en el horno freidora. Fríe al aire durante 5 minutos, revolviendo a la mitad del tiempo de cocción.

5. Transfiera los camarones a un tazón o fuente para servir. Adorne con la albahaca y el cilantro. Servir inmediatamente.

Palitos de pescado caseros

Tiempo de preparación: 15 minutos | Tiempo de cocción: 10 a 15 minutos | Para 4 personas

4 filetes de pescado

½ taza de harina integral

1 cucharadita de sal sazonada

2 huevos

1½ tazas de pan rallado integral panko

½ cucharada de hojuelas de perejil seco

Spray para cocinar

1. Fije la temperatura del horno de la freidora a 400ºF (204ºC). Presione Iniciar para comenzar a precalentar. Rocíe ligeramente la sartén perforada del horno de la freidora con aceite en aerosol.

2. Corta los filetes de pescado a lo largo en "palitos".

3. En un tazón poco profundo, mezcle la harina integral y la sal sazonada.

4. En un tazón pequeño, bata los huevos con 1 cucharadita de agua.

5. En otro tazón poco profundo, mezcle las migas de pan panko y las hojuelas de perejil.

6. Cubra cada palito de pescado con la harina sazonada, luego con la mezcla de huevo y dragarlos en las migas de pan panko.

7. Coloque los palitos de pescado en la sartén perforada de la freidora en una sola capa y rocíe ligeramente los palitos de pescado con aceite en aerosol. Es posible que deba cocinarlos en lotes.

8. Fríe al aire durante 5 a 8 minutos. Da la vuelta a los palitos de pescado y rocía ligeramente con aceite en aerosol. Fríe al aire hasta que estén doradas y crujientes, de 5 a 7 minutos más.

9. Sirva caliente.

Jalea

Tiempo de preparación: 20 minutos | Tiempo de cocción: 10 minutos | Para 4 personas

Salsa Crioll a :

½ cebolla morada, finamente rebanada

2 tomates, cortados en cubitos

1 chile serrano o jalapeño, sin semillas y cortado en cubitos

1 diente de ajo picado

¼ taza de cilantro fresco picado

Pizca de sal kosher

3 limones

Frito Seafoo d:

1 libra (454 g) de pescado firme de carne blanca como el bacalao (agregue ½ libra / 227 g de pescado adicional si no usa camarones)

20 camarones grandes o jumbo, sin cáscara y desvenados

¼ de taza de harina para todo uso

¼ taza de maicena

1 cucharadita de ajo en polvo

1 cucharadita de sal kosher

¼ de cucharadita de pimienta de cayena

2 tazas de pan rallado panko

2 huevos batidos con 2 cucharadas de agua

Spray de aceite vegetal

Mayonesa o salsa tártara para servir (opcional)

1. Para hacer la Salsa Criolla, combine la cebolla morada, los tomates, el pimiento, el ajo, el cilantro y la sal en un tazón mediano. Agrega el jugo y la ralladura de 2 de las limas. Refrigera la ensalada mientras preparas el pescado.

2. Para hacer los mariscos, corte los filetes de pescado en tiras de aproximadamente 2 pulgadas de largo y 1 pulgada de ancho. Coloque la harina, la maicena, el ajo en polvo, la sal y la pimienta de cayena en un plato y mezcle para combinar. Coloque el panko en un plato aparte. Drene las tiras de pescado en la mezcla de harina sazonada, sacudiendo el exceso. Sumerja las tiras en la mezcla de huevo, cubriéndolas por completo, luego drague en el panko, sacudiendo el exceso. Coloque las tiras de pescado en un plato o rejilla. Repita con los camarones, si los usa.

3. Rocíe la sartén perforada del horno de la freidora con aceite y ajuste la temperatura del horno de la freidora a 400ºF (204ºC). Presione Iniciar para comenzar a precalentar. Trabajando en 2 o 3 lotes, coloque el pescado y los camarones en una sola capa en la sartén perforada, teniendo cuidado de no amontonar la sartén perforada. Rocíe con aceite. Freír al aire durante 5 minutos, luego voltear y freír al aire durante otros 4 a 5 minutos hasta que el exterior esté dorado y crujiente y

el interior del pescado esté opaco y se desmenuce fácilmente con un tenedor. Repita con el resto del marisco.

4. Coloca los mariscos fritos en una fuente. Usa una espumadera para sacar la salsa criolla del bol, dejando atrás cualquier líquido que se haya acumulado. Coloca la salsa criolla encima del marisco frito. Sirva inmediatamente con la lima restante, cortada en gajos y mayonesa o salsa tártara al gusto.

Camarones al limón y calabacín

Tiempo de preparación: 15 minutos | Tiempo de cocción: de 7 a 8 minutos | Para 4 personas

1¼ libras (567 g) de camarones crudos extra grandes, pelados y desvenados

2 calabacines medianos (aproximadamente 8 onzas / 227 g cada uno), cortados a la mitad a lo largo y cortados en rodajas de ½ pulgada de grosor

1½ cucharada de aceite de oliva

½ cucharadita de sal de ajo

1½ cucharaditas de orégano seco

⅛ cucharadita de hojuelas de pimiento rojo triturado (opcional)

Jugo de ½ limón

1 cucharada de menta fresca picada

1 cucharada de eneldo fresco picado

1. Ajuste la temperatura del horno de la freidora a 350ºF (177ºC). Presione Iniciar para comenzar a precalentar.

2. En un tazón grande, combine los camarones, el calabacín, el aceite, la sal de ajo, el orégano y las hojuelas de pimienta (si se usa) y mezcle para cubrir.

3. Trabajando en lotes, coloque una sola capa de los camarones y el calabacín en la sartén perforada del horno de la freidora. Fríe al aire durante 7 a 8 minutos, agitando la sartén perforada hasta la mitad, hasta que el calabacín esté dorado y los camarones estén bien cocidos.

4. Transfiera a un plato para servir y cúbralo con papel de aluminio mientras fríe al aire los camarones y calabacines restantes.

5. Cubra con el jugo de limón, la menta y el eneldo y sirva.

Tazón de camarones con limón y chile

Tiempo de preparación: 10 minutos | Tiempo de cocción: 10 a 15 minutos | Para 4 personas

2 cucharaditas de jugo de lima

1 cucharadita de aceite de oliva

1 cucharadita de miel

1 cucharadita de ajo picado

1 cucharadita de chile en polvo

Sal al gusto

12 onzas (340 g) de camarones medianos, pelados y desvenados

2 tazas de arroz integral cocido

1 lata (15 onzas / 425 g) de frijoles negros sazonados, calentados

1 aguacate grande, picado

1 taza de tomates cherry en rodajas

Spray para cocinar

1. Fije la temperatura del horno de la freidora a 400ºF (204ºC). Presione Iniciar para comenzar a precalentar. Rocíe ligeramente la sartén perforada del horno de la freidora con aceite en aerosol.

2. En un tazón mediano, mezcle el jugo de limón, el aceite de oliva, la miel, el ajo, el chile en polvo y la sal para hacer una marinada.

3. Agregue los camarones y revuelva para cubrir uniformemente con la marinada.

4. Coloque los camarones en la sartén perforada de la freidora. Freír al aire durante 5 minutos. Agite la sartén perforada y fría hasta que los camarones estén bien cocidos y comiencen a dorarse, de 5 a 10 minutos más.

5. Para armar los tazones, vierta ¼ del arroz, frijoles negros, aguacate y tomates cherry en cada uno de los cuatro tazones. Cubra con los camarones y sirva.

Filetes De Salmón Marinado

Tiempo de preparación: 10 minutos | Tiempo de cocción: 15 a 20 minutos | Para 4 personas

¼ taza de salsa de soja

¼ de taza de vinagre de vino de arroz

1 cucharada de azúcar morena

1 cucharada de aceite de oliva

1 cucharadita de mostaza en polvo

1 cucharadita de jengibre molido

½ cucharadita de pimienta negra recién molida

½ cucharadita de ajo picado

4 (6 onzas / 170 g) filetes de salmón, con piel

Spray para cocinar

1. En un tazón pequeño, combine la salsa de soja, el vinagre de vino de arroz, el azúcar morena, 1 cucharada de aceite de oliva, la mostaza en polvo, el jengibre, la pimienta negra y el ajo para hacer una marinada.

2. Coloque los filetes en una fuente para hornear poco profunda y vierta la marinada sobre ellos. Cubra la fuente para hornear y deje marinar durante al menos 1 hora en el refrigerador, volteando los filetes de vez en cuando para mantenerlos cubiertos con la marinada.

3. Fije la temperatura del horno de la freidora a 370ºF (188ºC). Presione Iniciar para comenzar a precalentar. Rocíe ligeramente la sartén perforada del horno de la freidora con aceite de oliva.

4. Sacuda la mayor cantidad de adobo posible de los filetes y colóquelos, con la piel hacia abajo, en la sartén perforada de la freidora en una sola capa. Es posible que deba cocinar los filetes en tandas.

5. Fríe al aire durante 15 a 20 minutos para que esté bien cocido. La temperatura interna mínima debe ser de 145ºF (63ºC) en la parte más gruesa de los filetes.

6. Servir caliente.

Fletán especiado marroquí con ensalada de garbanzos

Tiempo de preparación: 15 minutos | Tiempo de cocción: 12 minutos | 2 porciones

¾ cucharadita de cilantro molido

½ cucharadita de comino molido

¼ de cucharadita de jengibre molido

⅛ cucharadita de canela molida

Sal y pimienta para probar

2 (8 onzas / 227 g) filetes de fletán sin piel, de 1¼ pulgadas de grosor

4 cucharaditas de aceite de oliva extra virgen, dividido, más extra para rociar

1 lata (15 onzas / 425 g) de garbanzos, enjuagados

1 cucharada de jugo de limón, más rodajas de limón para servir

1 cucharadita de harissa

½ cucharadita de miel

2 zanahorias, peladas y ralladas

2 cucharadas de menta fresca picada, dividida

Spray de aceite vegetal

1. Ajuste la temperatura del horno de la freidora a 300ºF (149ºC). Presione Iniciar para comenzar a precalentar.

2. Haga una eslinga de papel de aluminio para la bandeja perforada del horno de la freidora de aire doblando 1 hoja larga de papel de aluminio para que tenga 4 pulgadas de ancho. Coloque una hoja de papel de aluminio a lo ancho a lo largo del molde perforado, presionando el papel de aluminio hacia los lados del molde perforado y hacia arriba. Doble el exceso de papel de aluminio según sea necesario para que los bordes del papel de aluminio queden al ras con la parte superior del molde perforado. Rocíe ligeramente el papel de aluminio y la sartén perforada con aceite vegetal en aerosol.

3. Combine el cilantro, el comino, el jengibre, la canela, ⅛ de cucharadita de sal y ⅛ de cucharadita de pimienta en un tazón pequeño. Seque el fletán con toallas de papel, frote con 1 cucharadita de aceite y espolvoree con la mezcla de especias. Coloque los filetes con la piel hacia abajo en una honda en un molde perforado preparado, espaciados uniformemente. Hornee hasta que el fletán se deshaga cuando se pincha suavemente con un cuchillo de pelar y registre 140ºF (60ºC), de 12 a 16 minutos, usando la eslinga para rotar los filetes a la mitad de la cocción.

4. Mientras tanto, cocine los garbanzos en el microondas en un tazón mediano hasta que estén bien calientes,

aproximadamente 2 minutos. Agregue la cucharada restante de aceite, jugo de limón, harissa, miel, ⅛ de cucharadita de sal y ⅛ de cucharadita de pimienta. Agregue las zanahorias y 1 cucharada de menta y mezcle para combinar. Sazone con sal y pimienta al gusto.

5. Con un cabestrillo, retire con cuidado el fletán del horno de la freidora y transfiéralo a platos individuales. Espolvoree con 1 cucharada de menta restante y rocíe con aceite extra al gusto. Sirve con ensalada y rodajas de limón.

Tortas de cangrejo al estilo de Nueva Orleans

Tiempo de preparación: 10 minutos | Tiempo de cocción: de 8 a 10 minutos | Para 4 personas

1¼ tazas de pan rallado

2 cucharaditas de condimento criollo

1 cucharadita de mostaza seca

1 cucharadita de sal

1 cucharadita de pimienta negra recién molida

1½ tazas de carne de cangrejo

2 huevos grandes, batidos

1 cucharadita de mantequilla derretida

$^1/_3$ taza de cebolla picada

Spray para cocinar

Salsa tártara de nueces, para servir

1. Ajuste la temperatura del horno de la freidora a 350ºF (177ºC). Presione Iniciar para comenzar a precalentar. Cubra la bandeja perforada del horno de la freidora con papel pergamino.

2. En un tazón mediano, bata el pan rallado, el condimento criollo, la mostaza seca, la sal y la pimienta hasta que se mezclen. Agrega la carne de cangrejo, los huevos, la mantequilla y la cebolla. Revuelva hasta que se mezcle. Forme 8 hamburguesas con la mezcla de cangrejo.

3. Coloque los pasteles de cangrejo en el pergamino y rocíe con aceite.

4. Freír al aire durante 4 minutos. Voltea los pasteles, rocíalos con aceite y fríelos al aire durante 4 a 6 minutos más hasta que el exterior esté firme y un tenedor insertado en el centro salga limpio. Sirve con la salsa tártara de nueces.

Salmón Glaseado con Naranja y Mostaza

Tiempo de preparación: 10 minutos | Tiempo de cocción: 10 minutos | 2 porciones

1 cucharada de mermelada de naranja

¼ de cucharadita de ralladura de naranja más 1 cucharada de jugo

2 cucharaditas de mostaza integral

2 (8 onzas / 227 g) filetes de salmón con piel, de 1 ½ pulgada de grosor

Sal y pimienta para probar

Spray de aceite vegetal

1. Fije la temperatura del horno de la freidora a 400ºF (204ºC). Presione Iniciar para comenzar a precalentar.

2. Haga una eslinga de papel de aluminio para la bandeja perforada del horno de la freidora de aire doblando 1 hoja larga de papel de aluminio para que tenga 4 pulgadas de ancho. Coloque una hoja de papel de aluminio a lo ancho a lo largo del molde perforado, presionando el papel de aluminio hacia los lados del molde perforado y hacia arriba. Doble el exceso de papel de aluminio según sea necesario para que los bordes del papel de aluminio queden al ras con la parte superior del molde perforado. Rocíe ligeramente el papel de aluminio y la sartén perforada con aceite vegetal en aerosol.

3. Combine la mermelada, la ralladura y el jugo de naranja y la mostaza en un tazón. Seque el salmón con toallas de papel y sazone con sal y pimienta. Cepille la parte superior y los lados de los filetes de manera uniforme con glaseado. Coloque los filetes con la piel hacia abajo en una honda en un molde perforado preparado, espaciados uniformemente. Fríe el salmón al aire hasta que el centro todavía esté transparente cuando se revisa con la punta de un cuchillo de cocina y registre 125ºF (52ºC) (para medio crudo), de 10 a 14 minutos, usando una eslinga para rotar los filetes a la mitad de la cocción.

4. Con el cabestrillo, retire con cuidado el salmón del horno de la freidora. Deslice la espátula de pescado por la parte inferior de los filetes y transfiérala a platos individuales para servir, dejando la piel. Atender.

Oyster Po'Boy

Tiempo de preparación: 20 minutos | Tiempo de cocción: 5 minutos | Para 4 personas

¾ taza de harina para todo uso

¼ taza de harina de maíz amarilla

1 cucharada de condimento cajún

1 cucharadita de sal

2 huevos grandes, batidos

1 cucharadita de salsa picante

454 g (1 libra) de ostras previamente peladas

1 a 2 cucharadas de aceite

1 baguette francés (12 pulgadas), en cuartos y en rodajas horizontalmente

Salsa tártara, según sea necesario

2 tazas de lechuga rallada, cantidad dividida

2 tomates, cortados en rodajas

Spray para cocinar

1. En un tazón poco profundo, bata la harina, la harina de maíz, el condimento cajún y la sal hasta que se mezclen. En un segundo tazón poco profundo, mezcle los huevos y la salsa picante.

2. Una a la vez, sumerja las ostras en la mezcla de harina de maíz, los huevos y nuevamente en la harina de maíz, cubriendo bien.

3. Fije la temperatura del horno de la freidora a 400ºF (204ºC). Presione Iniciar para comenzar a precalentar. Cubra la bandeja perforada del horno de la freidora con papel pergamino.

4. Coloque las ostras en el pergamino y rocíe con aceite.

5. Freír al aire durante 2 minutos. Agite la sartén perforada, rocíe las ostras con aceite y fríalas al aire durante 3 minutos más hasta que estén ligeramente doradas y crujientes.

6. Unte cada mitad de sándwich con salsa tártara. Reúna los po'boys cubriendo cada sándwich con ostras fritas, ½ taza de lechuga rallada y 2 rodajas de tomate.

7. Servir inmediatamente.

Tilapia con costra de nueces

Tiempo de preparación: 10 minutos | Tiempo de cocción: 10 minutos | Para 4 personas

1¼ tazas de nueces

¾ taza de pan rallado panko

½ taza de harina para todo uso

2 cucharadas de condimento cajún

2 huevos batidos con 2 cucharadas de agua

4 filetes de tilapia (6 onzas / 170 g)

Aceite vegetal para pulverizar

Rodajas de limón, para servir

1. Muele las nueces en el procesador de alimentos hasta que se parezcan a una harina gruesa. Combine las nueces molidas con el panko en un plato. En un segundo plato, combine la harina y el condimento cajún. Seca los filetes de tilapia con toallas de papel y escúrrelos en la mezcla de harina, sacudiendo el exceso. Sumerja los filetes en la mezcla de huevo y luego póngalos en la mezcla de nueces y panko, presionando el recubrimiento sobre los filetes. Coloque los filetes empanizados en un plato o parrilla.

2. Ajuste la temperatura del horno de la freidora a 375ºF (191ºC). Presione Iniciar para comenzar a precalentar. Rocíe ambos lados de los filetes empanizados con aceite. Transfiera con cuidado 2 de los filetes a la sartén perforada del horno de la freidora y fríalos al aire durante 9 a 10 minutos, volteando una vez a la mitad, hasta que la carne esté opaca y escamosa. Repita con los filetes restantes.

3. Sirva inmediatamente con rodajas de limón.

Tortas de cangrejo Remoulade

Tiempo de preparación: 15 minutos | Tiempo de cocción: 10 minutos | Para 4 personas

Remolada:

¾ taza de mayonesa

2 cucharaditas de mostaza de Dijon

1½ cucharaditas de mostaza amarilla

1 cucharadita de vinagre

¼ de cucharadita de salsa picante

1 cucharadita de alcaparras pequeñas, escurridas y picadas

¼ de cucharadita de sal

⅛ cucharadita de pimienta negra molida

Pasteles de cangrejo:

1 taza de pan rallado, dividido

2 cucharadas de mayonesa

1 cebolleta, finamente picada

170 g (6 onzas) de carne de cangrejo

2 cucharadas de producto de huevo pasteurizado (huevos líquidos en una caja de cartón)

2 cucharaditas de jugo de limón

½ cucharadita de hojuelas de pimiento rojo

½ cucharadita de condimento Old Bay

Spray para cocinar

1. Fije la temperatura del horno de la freidora a 400ºF (204ºC). Presione Iniciar para comenzar a precalentar.

2. En un tazón pequeño, bata para combinar la mayonesa, la mostaza de Dijon, la mostaza amarilla, el vinagre, la salsa picante, las alcaparras, la sal y la pimienta.

3. Refrigere durante al menos 1 hora antes de servir.

4. Coloque un forro de pergamino en la sartén perforada del horno de la freidora.

5. En un tazón grande, mezcle para combinar ½ taza de pan rallado con la mayonesa y la cebolleta. Ponga la otra ½ taza de pan rallado a un lado en un tazón pequeño.

6. Agregue la carne de cangrejo, el producto de huevo, el jugo de limón, las hojuelas de pimiento rojo y el condimento Old Bay al tazón grande y revuelva para combinar.

7. Divida la mezcla de cangrejo en 4 porciones y forme hamburguesas.

8. Drague cada hamburguesa en el pan rallado restante para cubrir.

9. Coloque las hamburguesas preparadas en el revestimiento en el horno de la freidora en una sola capa.

10. Rocíe ligeramente con aceite en aerosol y fría al aire durante 5 minutos. Voltea los pasteles de cangrejo, fríelos al aire por otros 5 minutos, hasta que estén dorados y sírvelos.

Bacalao Asado con Patatas al Limón y Ajo

Tiempo de preparación: 10 minutos | Tiempo de cocción: 28 minutos | 2 porciones

3 cucharadas de mantequilla sin sal, ablandada, dividida

2 dientes de ajo picados

1 limón, rallado para obtener 2 cucharaditas de ralladura y en rodajas de ¼ de pulgada de grosor

Sal y pimienta para probar

1 papa roja grande (340 g / 12 onzas), sin pelar y en rodajas de ¼ de pulgada de grosor

1 cucharada de perejil fresco picado, cebollino o estragón

2 (8 onzas / 227 g) filetes de bacalao sin piel, 1¼ pulgadas de grosor

Spray de aceite vegetal

1. Fije la temperatura del horno de la freidora a 400ºF (204ºC). Presione Iniciar para comenzar a precalentar.

2. Haga una eslinga de papel de aluminio para la sartén perforada del horno de la freidora de aire doblando 1 hoja larga de papel de aluminio para que tenga 4 pulgadas de ancho. Coloque una hoja de papel de aluminio a lo ancho a lo largo del molde perforado, presionando el papel de aluminio hacia los lados del molde perforado y hacia arriba. Doble el exceso de papel de aluminio según sea necesario para que los bordes del papel de aluminio queden al ras con la parte superior del

molde perforado. Rocíe ligeramente el papel de aluminio y la sartén perforada con aceite vegetal en aerosol.

3. Calienta en el microondas 1 cucharada de mantequilla, ajo, 1 cucharadita de ralladura de limón, ¼ de cucharadita de sal y ⅛ de cucharadita de pimienta en un tazón mediano, revolviendo una vez, hasta que la mantequilla se derrita y la mezcla esté fragante, aproximadamente 30 segundos. Agregue rodajas de papa y revuelva para cubrir. Coloque las rodajas de papa en una honda en una bandeja perforada preparada para crear 2 capas uniformes. Fríe al aire hasta que las rodajas de papa estén manchadas de color marrón y ligeramente tiernas, de 16 a 18 minutos, usando un cabestrillo para rotar las papas a la mitad de la cocción.

4. Combine las 2 cucharadas restantes de mantequilla, la cucharadita restante de ralladura de limón y el perejil en un tazón pequeño. Seque el bacalao con toallas de papel y sazone con sal y pimienta. Coloque los filetes con la piel hacia abajo sobre las rodajas de papa, espaciados uniformemente. (Coloque los extremos más delgados de los filetes debajo de ellos mismos según sea necesario para crear piezas uniformes). Unte los filetes con la mezcla de mantequilla y cubra con rodajas de limón. Regrese la sartén perforada al horno de la freidora y fría

al aire hasta que el bacalao se deshaga cuando se pincha suavemente con un cuchillo de pelar y registre 140ºF (60ºC), de 12 a 15 minutos, usando una eslinga para rotar las rodajas de papa y el bacalao a la mitad de la cocción.

5. Con un cabestrillo, retire con cuidado las patatas y el bacalao del horno de la freidora. Corte las rodajas de papa en 2 porciones entre filetes con una espátula de pescado. Deslice la espátula por la parte inferior de las rodajas de papa y transfiérala con el bacalao a platos individuales. Atender.

Bacalao Asado con Ajonjolí

Tiempo de preparación: 5 minutos | Tiempo de cocción: de 7 a 9 minutos | Rinde 1 filete

1 cucharada de salsa de soja reducida en sodio

2 cucharaditas de miel

Spray para cocinar

6 onzas (170 g) de filete de bacalao fresco

1 cucharadita de ajonjolí

1. Ajuste la temperatura del horno de la freidora a 360ºF (182ºC). Presione Iniciar para comenzar a precalentar.

2. En un tazón pequeño, combine la salsa de soja y la miel.

3. Rocíe la sartén perforada de la freidora con aceite en aerosol, luego coloque el bacalao en la sartén perforada, cepille con la mezcla de soja y espolvoree semillas de sésamo por encima. Ase de 7 a 9 minutos o hasta que esté opaco.

4. Retirar el pescado y dejar enfriar sobre una rejilla durante 5 minutos antes de servir.

Pescado Asado con Migas de Almendra y Limón

Tiempo de preparación: 10 minutos | Tiempo de cocción: de 7 a 8 minutos | Para 4 personas

½ taza de almendras enteras crudas

1 cebolleta, finamente picada

Ralladura de ralladura y zumo de 1 limón

½ cucharada de aceite de oliva extra virgen

¾ cucharadita de sal kosher, dividida

Pimienta negra recién molida, al gusto

4 (6 onzas / 170 g cada uno) filetes de pescado sin piel

Spray para cocinar

1 cucharadita de mostaza de Dijon

1. En un procesador de alimentos, pulsa las almendras para picarlas en trozos grandes. Transfiera a un tazón pequeño y agregue la cebolleta, la ralladura de limón y el aceite de oliva. Sazone con ¼ de cucharadita de sal y pimienta al gusto y mezcle para combinar.

2. Rocíe la parte superior del pescado con aceite y exprima el jugo de limón sobre el pescado. Sazone con la ½ cucharadita restante de sal y pimienta al gusto. Unta la mostaza sobre el pescado. Dividiendo uniformemente, presione la mezcla de almendras en la parte superior de los filetes para que se adhieran.

3. Ajuste la temperatura del horno de la freidora a 375ºF (191ºC). Presione Iniciar para comenzar a precalentar.

4. Trabajando en lotes, coloque los filetes en la sartén perforada del horno freidora en una sola capa. Fríe al aire durante 7 a 8 minutos, hasta que las migas comiencen a dorarse y el pescado esté bien cocido.

5. Servir inmediatamente.

Filetes de salmón asado

Tiempo de preparación: 5 minutos | Tiempo de cocción: 10 minutos | 2 porciones

2 (8 onzas / 227 g) filetes de salmón con piel, de 1½ pulgadas de grosor

1 cucharadita de aceite vegetal

Sal y pimienta para probar

Spray de aceite vegetal

1. Fije la temperatura del horno de la freidora a 400ºF (204ºC). Presione Iniciar para comenzar a precalentar.

2. Haga una eslinga de papel de aluminio para la bandeja perforada del horno de la freidora de aire doblando 1 hoja larga de papel de aluminio para que tenga 4 pulgadas de ancho. Coloque una hoja de papel de aluminio a lo ancho a lo largo del molde perforado, presionando el papel de aluminio hacia los lados del molde perforado y hacia arriba. Doble el exceso de papel de aluminio según sea necesario para que los bordes del papel de aluminio queden al ras con la parte superior del molde perforado. Rocíe ligeramente el papel de aluminio y la sartén perforada con aceite vegetal en aerosol.

3. Seque el salmón con toallas de papel, frótelo con aceite y sazone con sal y pimienta. Coloque los filetes con la piel

hacia abajo en una honda en un molde perforado preparado, espaciados uniformemente. Fríe el salmón al aire hasta que el centro aún esté transparente cuando se revisa con la punta de un cuchillo de pelar y registre 125ºF (52ºC) (para medio crudo), de 10 a 14 minutos, usando una eslinga para rotar los filetes a la mitad de la cocción.

4. Con el cabestrillo, retire con cuidado el salmón del horno de la freidora. Deslice la espátula de pescado por la parte inferior de los filetes y transfiérala a platos individuales para servir, dejando la piel. Atender.

hamburguesas de salmón

Tiempo de preparación: 15 minutos | Tiempo de cocción: 12 minutos | Para 5 porciones

Rémoulade de limón y alcaparras:

½ taza de mayonesa

2 cucharadas de alcaparras escurridas picadas

2 cucharadas de perejil fresco picado

2 cucharaditas de jugo de limón fresco

Empanadas de salmón:

1 libra (454 g) de filete de salmón salvaje, sin piel y sin espinas

6 cucharadas de pan rallado panko

¼ de taza de cebolla morada picada más ¼ de taza en rebanadas para servir

1 diente de ajo picado

1 huevo grande, ligeramente batido

1 cucharada de mostaza de Dijon

1 cucharadita de jugo de limón fresco

1 cucharada de perejil fresco picado

½ cucharadita de sal kosher

Para servir:

5 bollos de patata de trigo integral o bollos sin gluten

10 hojas de lechuga mantecosa

1. Para el rémoulade de alcaparras y limón: En un tazón pequeño, combine la mayonesa, las alcaparras, el perejil y el jugo de limón y mezcle bien.

2. Para las hamburguesas de salmón: corte un trozo de salmón de 4 onzas / 113 g y transfiéralo a un procesador de alimentos. Pulse hasta que esté pastoso. Con un cuchillo afilado, corte el salmón restante en cubos pequeños.

3. En un tazón mediano, combine el salmón picado y procesado con el panko, la cebolla morada picada, el ajo, el huevo, la mostaza, el jugo de limón, el perejil y la sal. Mezcle suavemente para combinar. Forme la mezcla en 5 hamburguesas de aproximadamente ¾ de pulgada de grosor. Refrigere por al menos 30 minutos.

4. Fije la temperatura del horno de la freidora a 400ºF (204ºC). Presione Iniciar para comenzar a precalentar.

5. Trabajando en lotes, coloque las hamburguesas en la sartén perforada del horno de la freidora. Fríe al aire durante unos 12 minutos, volteando suavemente hasta la mitad, hasta que esté dorado y bien cocido.

6. Para servir, transfiera cada hamburguesa a un bollo. Cubra cada una con 2 hojas de lechuga, 2 cucharadas de rémoulade y las cebollas rojas picadas.

empanadas de salmón

Tiempo de preparación: 10 minutos | Tiempo de cocción: 8 minutos | Para 4 personas

2 (5 onzas / 142 g) latas de salmón, desmenuzado

2 huevos grandes, batidos

$^1/_3$ taza de cebolla picada

$^2/_3$ taza de pan rallado panko

1½ cucharaditas de condimento estilo italiano

1 cucharadita de ajo en polvo

1 a 2 cucharadas de aceite

1. En un tazón mediano, mezcle el salmón, los huevos y la cebolla.

2. En un tazón pequeño, bata el pan rallado, el condimento estilo italiano y el ajo en polvo hasta que se mezclen. Agregue la mezcla de pan rallado a la mezcla de salmón y revuelva hasta que se mezcle. Forma 8 hamburguesas con la mezcla.

3. Ajuste la temperatura del horno de la freidora a 350ºF (177ºC). Presione Iniciar para comenzar a precalentar. Cubra la bandeja perforada del horno de la freidora con papel pergamino.

4. Trabajando en lotes según sea necesario, coloque las hamburguesas en el pergamino y rocíe con aceite.

5. Hornea por 4 minutos. Voltee, rocíe las hamburguesas con aceite y hornee de 4 a 8 minutos más, hasta que estén doradas y firmes. Atender.

Tacos de salmón con ensalada de piña asada

Tiempo de preparación: 15 minutos | Tiempo de cocción: 18 minutos | Sirve de 2 a 4

¼ de taza de jugo de lima (2 limas), más rodajas de lima para servir

Sal y pimienta para probar

1½ tazas de trozos de piña de ½ pulgada

2 cucharaditas de aceite vegetal

1 cucharadita de pimentón ahumado

¼ de cucharadita de cilantro molido

⅛ cucharadita de pimienta de cayena

2 (8 onzas / 227 g) filetes de salmón con piel, de 1½ pulgadas de grosor

1 aguacate, cortado por la mitad y sin hueso

2 cucharadas de cilantro fresco picado

6 a 12 tortillas de maíz (6 pulgadas), calientes

1. Fije la temperatura del horno de la freidora a 400ºF (204ºC). Presione Iniciar para comenzar a precalentar.

2. Mezcle la mezcla de ensalada de col con 3 cucharadas de jugo de limón, ¼ de cucharadita de sal y ⅛ de cucharadita de pimienta en un tazón; dejar de lado.

3. Mezcle la piña con 1 cucharadita de aceite en un recipiente aparte y transfiérala a una sartén perforada del horno de la freidora. Fríe al aire hasta que la piña se dore en los bordes, de 12 a 16 minutos, revolviendo a la

mitad de la cocción. Transfiera a un tazón ahora vacío y reserve; Deje que la sartén perforada del horno de la freidora se enfríe un poco.

4. Haga una eslinga de papel de aluminio para la bandeja perforada del horno de la freidora de aire doblando 1 hoja larga de papel de aluminio para que tenga 4 pulgadas de ancho. Coloque una hoja de papel de aluminio a lo ancho a lo largo del molde perforado, presionando el papel de aluminio hacia los lados del molde perforado y hacia arriba. Doble el exceso de papel de aluminio según sea necesario para que los bordes del papel de aluminio queden al ras con la parte superior del molde perforado. Rocíe ligeramente el papel de aluminio y la sartén perforada con aceite vegetal en aerosol.

5. Combine el pimentón, el cilantro, la pimienta de cayena, ⅛ de cucharadita de sal y ⅛ de cucharadita de pimienta en un tazón pequeño. Seque el salmón con toallas de papel, frote con la cucharadita de aceite restante y espolvoree la parte superior y los lados de los filetes con la mezcla de especias. Coloque los filetes con la piel hacia abajo en una honda en un molde perforado preparado, espaciados uniformemente. Regrese la sartén perforada al horno de la freidora y fríe el salmón al aire hasta que el centro esté aún traslúcido cuando se revise con la

punta de un cuchillo de pelar y registre 125ºF (52ºC) (para medio crudo), de 6 a 10 minutos, usando una eslinga para rotar los filetes a la mitad de la cocción. .

6. Mientras tanto, usando un tenedor, triture el aguacate con la cucharada restante de jugo de limón en un tazón mediano. Sazone con sal y pimienta al gusto. Escurra la mezcla de ensalada de col y devuélvala al tazón ahora vacío. Agrega la piña y el cilantro.

7. Con el cabestrillo, retire con cuidado el salmón del horno de la freidora. Deslice la espátula de pescado por la parte inferior de los filetes y transfiérala al plato, dejando la piel. Con 2 tenedores, desmenuce el salmón en trozos ásperos de 1 pulgada. Sirva sobre tortillas con ensalada y puré de aguacate, pasando las rodajas de limón por separado.

Camarones Empanizados Sazonados

Tiempo de preparación: 15 minutos | Tiempo de cocción: 10 a 15 minutos | Para 4 personas

2 cucharaditas de condimento Old Bay, cantidad dividida

½ cucharadita de ajo en polvo

½ cucharadita de cebolla en polvo

454 g (1 libra) de camarones grandes, desvenados, con cola

2 huevos grandes

½ taza de pan rallado integral panko

Spray para cocinar

1. Ajuste la temperatura del horno de la freidora a 380ºF (193ºC). Presione Iniciar para comenzar a precalentar.

2. Rocíe ligeramente la sartén perforada del horno de la freidora con aceite en aerosol.

3. En un tazón mediano, mezcle 1 cucharadita de condimento Old Bay, ajo en polvo y cebolla en polvo. Agregue los camarones y mezcle con la mezcla de condimentos para cubrir ligeramente.

4. En un tazón pequeño aparte, bata los huevos con 1 cucharadita de agua.

5. En un tazón poco profundo, mezcle la 1 cucharadita de condimento Old Bay restante y las migas de pan panko.

6. Sumerja cada camarón en la mezcla de huevo y drague la mezcla de pan rallado para cubrir uniformemente.

7. Coloque los camarones en la sartén perforada de la freidora, en una sola capa. Rocíe ligeramente los camarones con aceite en aerosol. Muchos necesitan cocinar los camarones en lotes.

8. Fríe al aire durante 10 a 15 minutos, o hasta que los camarones estén bien cocidos y crujientes, agitando la sartén perforada a intervalos de 5 minutos para redistribuir y cocinar uniformemente.

9. Servir inmediatamente.

Salmón Glaseado con Sésamo

Tiempo de preparación: 5 minutos | Tiempo de cocción: 12 a 16 minutos | Para 4 personas

3 cucharadas de salsa de soja

1 cucharada de vino de arroz o jerez seco

1 cucharada de azúcar morena

1 cucharada de aceite de sésamo tostado

1 cucharadita de ajo picado

¼ de cucharadita de jengibre picado

4 (6 onzas / 170 g) filetes de salmón, con piel

½ cucharada de semillas de sésamo

Spray para cocinar

1. En un tazón pequeño, mezcle la salsa de soja, el vino de arroz, el azúcar morena, el aceite de sésamo tostado, el ajo y el jengibre.

2. Coloque el salmón en una fuente para hornear poco profunda y vierta la marinada sobre los filetes. Cubre y refrigera por al menos 1 hora, volteando los filetes de vez en cuando para cubrirlos con la marinada.

3. Fije la temperatura del horno de la freidora a 370ºF (188ºC). Presione Iniciar para comenzar a precalentar. Rocíe ligeramente la sartén perforada del horno de la freidora con aceite en aerosol.

4. Sacuda la mayor cantidad de adobo posible y coloque los filetes, con la piel hacia abajo, en la sartén perforada de la freidora en una sola capa. Reserva la marinada. Es posible que deba cocinarlos en lotes.

5. Fríe al aire durante 8 a 10 minutos. Unte la parte superior de los filetes de salmón con la marinada reservada y espolvoree con semillas de sésamo.

6. Aumente la temperatura a 400ºF (204ºC) y fría al aire durante 2 a 5 minutos más para medio, de 1 a 3 minutos para medio crudo o de 4 a 6 minutos para bien cocido.

7. Sirva caliente.

Brochetas Dejonghe De Camarones

Tiempo de preparación: 10 minutos | Tiempo de cocción: 15 minutos | Para 4 personas

2 cucharaditas de jerez

3 cucharadas de mantequilla sin sal, derretida

1 taza de pan rallado panko

3 dientes de ajo picados

$^1/_3$ taza de perejil de hoja plana picado, y más para decorar

1 cucharadita de sal kosher

Pizca de pimienta de cayena

1½ libras (680 g) de camarones, pelados y desvenados

Aceite vegetal para pulverizar

Rodajas de limón, para servir

1. Revuelva el jerez y la mantequilla derretida en un tazón poco profundo o un plato para pastel y mezcle hasta que se combinen. Dejar de lado. Batir el panko, el ajo, el perejil, la sal y la pimienta de cayena en un plato grande o en un tazón poco profundo.

2. Enhebre los camarones en brochetas de metal diseñadas para el horno de freidora o brochetas de bambú, de 3 a 4 por brocheta. Sumerja 1 brocheta de camarones en la mezcla de mantequilla, luego drague en la mezcla de panko hasta que cada camarón esté ligeramente

cubierto. Coloque la brocheta en un plato o bandeja para hornear con borde y repita el proceso con las brochetas restantes.

3. Ajuste la temperatura del horno de la freidora a 350ºF (177ºC). Presione Iniciar para comenzar a precalentar. Coloque 4 brochetas en la sartén perforada del horno de la freidora. Rocíe las brochetas con aceite y fríalas al aire durante 8 minutos, hasta que el pan rallado esté dorado y los camarones estén bien cocidos. Transfiera las brochetas cocidas a un plato para servir y manténgalas calientes mientras cocina las 4 brochetas restantes en el horno de la freidora.

4. Espolvoree las brochetas cocidas con perejil fresco adicional y sirva con rodajas de limón si lo desea.

Bocaditos simples de empanada de salmón

Tiempo de preparación: 15 minutos | Tiempo de cocción: 10 a 15 minutos | Para 4 personas

4 latas (5 onzas / 142 g) de salmón rosado, sin piel, deshuesadas en agua, escurridas

2 huevos batidos

1 taza de pan rallado integral panko

4 cucharadas de pimiento rojo finamente picado

2 cucharadas de hojuelas de perejil

2 cucharaditas de condimento Old Bay

Spray para cocinar

1. Ajuste la temperatura del horno de la freidora a 360ºF (182ºC). Presione Iniciar para comenzar a precalentar.

2. Rocíe ligeramente la sartén perforada del horno de la freidora con aceite en aerosol.

3. En un tazón mediano, mezcle el salmón, los huevos, el pan rallado panko, el pimiento rojo, las hojuelas de perejil y el condimento Old Bay.

4. Con una cuchara pequeña para galletas, forme 20 bolas con la mezcla.

5. Coloque las picaduras de salmón en la sartén perforada de la freidora en una sola capa y rocíe ligeramente con

aceite en aerosol. Es posible que deba cocinarlos en lotes.

6. Fríe al aire hasta que esté crujiente durante 10 a 15 minutos, agitando la sartén perforada un par de veces para una cocción uniforme.

7. Servir inmediatamente.

Paquetes de lenguado y espárragos

Tiempo de preparación: 10 minutos | Tiempo de cocción: 14 minutos | 2 porciones

8 onzas (227 g) de espárragos, cortados

1 cucharadita de aceite de oliva extra virgen, dividida

Sal y pimienta para probar

4 (3 onzas / 85 g) filetes de lenguado o platija sin piel, de ⅛ a ¼ de pulgada de grosor

4 cucharadas de mantequilla sin sal, ablandada

1 chalota pequeña, picada

1 cucharada de estragón fresco picado

¼ de cucharadita de ralladura de limón más ½ cucharadita de jugo

Spray de aceite vegetal

1. Ajuste la temperatura del horno de la freidora a 300ºF (149ºC). Presione Iniciar para comenzar a precalentar.

2. Mezcle los espárragos con ½ cucharadita de aceite, una pizca de sal y una pizca de pimienta en un tazón. Cubra y cocine en el microondas hasta que esté verde brillante y ligeramente tierno, aproximadamente 3 minutos, revolviendo a la mitad del microondas. Destape y deje enfriar un poco.

3. Haga una eslinga de papel de aluminio para la bandeja perforada del horno de la freidora de aire doblando 1 hoja larga de papel de aluminio para que tenga 4

pulgadas de ancho. Coloque una hoja de papel de aluminio a lo ancho a lo largo del molde perforado, presionando el papel de aluminio hacia los lados del molde perforado y hacia arriba. Doble el exceso de papel de aluminio según sea necesario para que los bordes del papel de aluminio queden al ras con la parte superior del molde perforado. Rocíe ligeramente el papel de aluminio y la sartén perforada con aceite vegetal en aerosol.

4. Seque el lenguado con toallas de papel y sazone con sal y pimienta. Coloque los filetes con la piel hacia arriba en la tabla de cortar, con los extremos más gruesos más cerca de usted. Distribuya los espárragos de manera uniforme en la base de cada filete, luego enrolle los filetes con fuerza alrededor de los espárragos para formar paquetes ordenados.

5. Frote los manojos de manera uniforme con la ½ cucharadita de aceite restante y coloque el lado de la costura hacia abajo en la eslinga en un molde perforado preparado. Hornee hasta que los espárragos estén tiernos y el lenguado se separe cuando se pincha suavemente con un cuchillo de cocina, de 14 a 18 minutos, usando un cabestrillo para rotar los manojos a la mitad de la cocción.

6. Combine la mantequilla, la chalota, el estragón y la ralladura de limón y el jugo en un tazón. Con un cabestrillo, retire con cuidado los manojos de lenguado del horno de la freidora y transfiéralos a platos individuales. Cubra uniformemente con la mezcla de mantequilla y sirva.

Camarones Al Ajillo

Tiempo de preparación: 10 minutos | Tiempo de cocción: 10 a 15 minutos | Para 4 personas

2 cucharaditas de ajo picado

2 cucharaditas de jugo de limón

2 cucharaditas de aceite de oliva

½ a 1 cucharadita de pimiento rojo triturado

12 onzas (340 g) de camarones medianos, desvenados, con cola

Spray para cocinar

1. En un tazón mediano, mezcle el ajo, el jugo de limón, 2 cucharaditas de aceite de oliva y el pimiento rojo triturado para hacer una marinada.

2. Agregue los camarones y revuelva para cubrir con la marinada. Cubra con una envoltura de plástico y coloque el recipiente en el refrigerador durante 30 minutos.

3. Fije la temperatura del horno de la freidora a 400ºF (204ºC). Presione Iniciar para comenzar a precalentar. Rocíe ligeramente la sartén perforada del horno de la freidora con aceite en aerosol.

4. Coloque los camarones en la sartén perforada de la freidora. Freír al aire durante 5 minutos. Agite la sartén

perforada y fría hasta que los camarones estén bien cocidos y bien dorados, de 5 a 10 minutos más.

5. Deje enfriar durante 5 minutos antes de servir.

Camarones A La Naranja Picante

Tiempo de preparación: 20 minutos | Tiempo de cocción: 10 a 15 minutos | Para 4 personas

$^{1}/_{3}$ taza de jugo de naranja

3 cucharaditas de ajo picado

1 cucharadita de condimento Old Bay

¼ a ½ cucharadita de pimienta de cayena

454 g (1 libra) de camarones medianos, pelados y desvenados, sin cola

Spray para cocinar

1. En un tazón mediano, combine el jugo de naranja, el ajo, el condimento Old Bay y la pimienta de cayena.

2. Seca los camarones con toallas de papel para eliminar el exceso de agua.

3. Agregue los camarones a la marinada y revuelva para cubrir uniformemente. Cubra con una envoltura de plástico y colóquelo en el refrigerador durante 30 minutos para que los camarones puedan absorber la marinada.

4. Fije la temperatura del horno de la freidora a 400ºF (204ºC). Presione Iniciar para comenzar a precalentar. Rocíe ligeramente la sartén perforada del horno de la freidora con aceite en aerosol.

5. Coloque los camarones en la sartén perforada de la freidora. Freír al aire durante 5 minutos. Agite la sartén perforada y rocíe ligeramente con aceite de oliva. Fríe al aire hasta que los camarones estén opacos y crujientes, de 5 a 10 minutos más.

6. Servir inmediatamente.

Brochetas de Pez Espada con Caponata de Tomate y Cebolleta

Tiempo de preparación: 15 minutos | Tiempo de cocción: 20 minutos | 2 porciones

1 berenjena italiana pequeña (10 onzas / 283 g), cortada en trozos de 1 pulgada

6 onzas (170 g) de tomates cherry

3 cebolletas, cortadas en 2 pulgadas de largo

2 cucharadas de aceite de oliva extra virgen, divididas

Sal y pimienta para probar

12 onzas (340 g) de filetes de pez espada sin piel, de 1¼ pulgadas de grosor, cortados en trozos de 1 pulgada

2 cucharaditas de miel, divididas

2 cucharaditas de cilantro molido, dividido

1 cucharadita de ralladura de limón, dividida

1 cucharadita de jugo

4 brochetas de madera (6 pulgadas)

1 diente de ajo picado

½ cucharadita de comino molido

1 cucharada de albahaca fresca picada

1. Fije la temperatura del horno de la freidora a 400ºF (204ºC). Presione Iniciar para comenzar a precalentar.

2. Mezcle la berenjena, los tomates y las cebolletas con 1 cucharada de aceite, ¼ de cucharadita de sal y ⅛ de cucharadita de pimienta en un tazón; Transfiera a la sartén perforada del horno de la freidora. Fríe al aire hasta que la berenjena se ablande y se dore y los tomates hayan comenzado a reventar, aproximadamente 14 minutos, revolviendo a la mitad de la cocción. Transfiera las verduras a la tabla de cortar y déjelas a un lado para que se enfríen un poco.

3. Seque el pez espada con toallas de papel. Combine 1 cucharadita de aceite, 1 cucharadita de miel, 1 cucharadita de cilantro, ½ cucharadita de ralladura de limón, ⅛ cucharadita de sal y una pizca de pimienta en un recipiente limpio. Agregue el pez espada y revuelva para cubrir. Enhebre el pez espada en las brochetas, dejando aproximadamente ¼ de pulgada entre cada pieza (3 o 4 piezas por brocheta).

4. Coloque las brochetas en una sartén perforada del horno de freidora ahora vacía, espaciadas uniformemente. (Las brochetas pueden superponerse ligeramente.) Vuelva a colocar la sartén perforada en el horno de la freidora y fría hasta que el pez espada se dore y registre 140ºF (60ºC), de 6 a 8 minutos, volteando y girando las brochetas a la mitad de la cocción.

5. Mientras tanto, combine las 2 cucharaditas de aceite restantes, 1 cucharadita de miel restante, 1 cucharadita de cilantro restante, ½ cucharadita restante de ralladura de limón, jugo de limón, ajo, comino, ¼ de cucharadita de sal y ⅛ de cucharadita de pimienta en un tazón grande. Cocine en el microondas, revolviendo una vez, hasta que esté fragante, unos 30 segundos. Pique las verduras cocidas en trozos grandes, transfiéralas al tazón con el aderezo, junto con los jugos acumulados, y mezcle suavemente para combinar. Agregue la albahaca y sazone con sal y pimienta al gusto. Sirve las brochetas con caponata.

Salmón y patatas con especias tandoori

Tiempo de preparación: 10 minutos | Tiempo de cocción: 28 minutos | 2 porciones

454 g (1 libra) de papas alevines

2 cucharadas de aceite vegetal, divididas

Sal kosher y pimienta negra recién molida, al gusto

1 cucharadita de cúrcuma molida

1 cucharadita de comino molido

1 cucharadita de jengibre molido

½ cucharadita de pimentón ahumado

¼ de cucharadita de pimienta de cayena

2 (6 onzas / 170 g) filetes de salmón con piel

1. Ajuste la temperatura del horno de la freidora a 375ºF (191ºC). Presione Iniciar para comenzar a precalentar.

2. En un tazón, mezcle las papas con 1 cucharada de aceite hasta que estén cubiertas uniformemente. Condimentar con sal y pimienta. Transfiera las papas al horno freidora y fríalas al aire durante 20 minutos.

3. Mientras tanto, en un tazón, combine la 1 cucharada de aceite restante, la cúrcuma, el comino, el jengibre, el pimentón y la pimienta de cayena. Agregue los filetes de salmón y agregue la mezcla de especias hasta que estén completamente cubiertos.

4. Después de que las papas se hayan cocinado durante 20 minutos, coloque los filetes de salmón, con la piel hacia arriba, encima de las papas y continúe cocinando de 5 a 8 minutos o hasta que las papas estén tiernas, el salmón esté cocido y la piel del salmón. ligeramente crujiente.

5. Transfiera los filetes de salmón a dos platos y sírvalos con las papas mientras ambos están calientes.

Brochetas de camarones tailandeses con salsa de maní

Tiempo de preparación: 15 minutos | Tiempo de cocción: 6 minutos | 2 porciones

Sal y pimienta para probar

12 onzas (340 g) de camarones extra grandes, pelados y desvenados

1 cucharada de aceite vegetal

1 cucharadita de miel

½ cucharadita de ralladura de lima más 1 cucharada de jugo, más rodajas de lima para servir

6 brochetas de madera (6 pulgadas)

3 cucharadas de mantequilla de maní cremosa

3 cucharadas de agua caliente del grifo

1 cucharada de cilantro fresco picado

1 cucharadita de salsa de pescado

1. Fije la temperatura del horno de la freidora a 400ºF (204ºC). Presione Iniciar para comenzar a precalentar.

2. Disuelva 2 cucharadas de sal en 1 litro de agua fría en un recipiente grande. Agregue los camarones, cubra y refrigere por 15 minutos.

3. Retire los camarones de la salmuera y séquelos con toallas de papel. Batir el aceite, la miel, la ralladura de

lima y ¼ de cucharadita de pimienta en un tazón grande. Agregue los camarones y revuelva para cubrir. Enhebre los camarones en las brochetas, dejando aproximadamente ¼ de pulgada entre cada camarón (3 o 4 camarones por brocheta).

4. Coloque 3 brochetas en una sartén perforada para horno de freidora, paralelas entre sí y espaciadas uniformemente. Coloque las 3 brochetas restantes en la parte superior, perpendiculares a la capa inferior. Fríe al aire hasta que los camarones estén completamente opacos, de 6 a 8 minutos, volteando y girando las brochetas a la mitad de la cocción.

5. Batir la mantequilla de maní, el agua caliente del grifo, el jugo de limón, el cilantro y la salsa de pescado en un tazón hasta que quede suave. Sirva las brochetas con salsa de maní y rodajas de lima.

Tacos De Tortilla De Camarones

Tiempo de preparación: 10 minutos | Tiempo de cocción: 6 minutos | Para 4 personas

Mayo picante:

3 cucharadas de mayonesa

1 cucharada de salsa picante estilo Luisiana

Ensalada de ensalada de lima y cilantro:

2 tazas de col verde rallada

½ cebolla morada pequeña, en rodajas finas

1 jalapeño pequeño, en rodajas finas

2 cucharadas de cilantro fresco picado

Zumo de 1 lima

¼ de cucharadita de sal kosher

Camarón:

1 huevo grande, batido

1 taza de totopos triturados

24 camarones gigantes (aproximadamente 1 libra / 454 g), pelados y desvenados

⅛ cucharadita de sal kosher

Spray para cocinar

8 tortillas de maíz, para servir

1. Para la mayonesa picante: En un tazón pequeño, mezcle la mayonesa y la salsa de pimiento picante.

2. Para la ensalada de cilantro y lima: En un tazón grande, mezcle el repollo, la cebolla, el jalapeño, el cilantro, el jugo de lima y la sal para combinar. Cubra y refrigere para enfriar.

3. Para los camarones: Coloque el huevo en un recipiente poco profundo y los totopos triturados en otro. Sazone los camarones con la sal. Sumerja los camarones en el huevo, luego en las migas, presionando suavemente para que se adhieran. Coloque sobre una superficie de trabajo y rocíe ambos lados con aceite.

4. Ajuste la temperatura del horno de la freidora a 360ºF (182ºC). Presione Iniciar para comenzar a precalentar.

5. Trabajando en lotes, coloque una sola capa de camarones en la sartén perforada del horno de la freidora. Fríe al aire durante 6 minutos, volteando hasta la mitad, hasta que esté dorado y cocido en el centro.

6. Para servir, coloque 2 tortillas en cada plato y cubra cada una con 3 camarones. Cubra cada taco con ¼ de taza de ensalada de repollo, luego rocíe con mayonesa picante.

Melt tradicional de atún

Tiempo de preparación: 10 minutos | Tiempo de cocción: 12 minutos | 2 porciones

2 latas de atún blanco sin sal, escurrido

½ taza de mayonesa

½ cucharadita de sal

¼ de cucharadita de pimienta negra molida

4 rebanadas de pan de masa madre

4 piezas de queso cheddar en rodajas

2 cucharadas de cebollas fritas crujientes

Spray para cocinar

¼ de cucharadita de ajo granulado

1. Fije la temperatura del horno de la freidora a 390ºF (199ºC). Presione Iniciar para comenzar a precalentar.

2. En un tazón mediano, combine el atún, la mayonesa, la sal y la pimienta, y mezcle bien. Dejar de lado.

3. Arme los sándwiches colocando el pan y luego agregando 1 rebanada de queso encima de cada pieza.

4. Espolvoree las cebollas fritas encima del queso en 2 de las rebanadas de pan.

5. Divide el atún entre las 2 rebanadas de pan con la cebolla.

6. Tome las 2 rebanadas de pan restantes que solo tienen queso y colóquelas con el queso hacia abajo sobre el atún.

7. Coloque un sándwich en la sartén perforada del horno de la freidora, rocíe con aceite en aerosol y fría al aire durante 6 minutos.

8. Con una espátula, voltee el sándwich, rocíelo nuevamente y fríalo al aire durante otros 6 minutos, o hasta que esté dorado. Espolvorea con el ajo inmediatamente después de sacarlo del molde perforado. Repite con el otro sándwich.

9. Deje reposar los sándwiches de 1 a 2 minutos antes de cortarlos y servirlos.

10. Servir inmediatamente.

Trucha Amandina con Salsa de Mantequilla de Limón

Tiempo de preparación: 20 minutos | Tiempo de cocción: 8 minutos | Para 4 personas

Trucha Amandine:

$^2/_3$ taza de almendras tostadas

$^1/_3$ taza de queso parmesano rallado

1 cucharadita de sal

½ cucharadita de pimienta negra recién molida

2 cucharadas de mantequilla derretida

4 (4 onzas / 113 g) filetes de trucha o filetes de salmón

Spray para cocinar

Salsa de mantequilla de limón:

8 cucharadas (1 barra) de mantequilla derretida

2 cucharadas de jugo de limón recién exprimido

½ cucharadita de salsa Worcestershire

½ cucharadita de sal

½ cucharadita de pimienta negra recién molida

¼ de cucharadita de salsa picante

1. En una licuadora o procesador de alimentos, presione las almendras durante 5 a 10 segundos hasta que estén finamente procesadas. Transfiera a un tazón poco profundo y agregue el queso parmesano, la sal y la

pimienta. Coloque la mantequilla derretida en otro tazón poco profundo.

2. Uno a la vez, sumerja el pescado en la mantequilla derretida, luego la mezcla de almendras, cubriendo bien.

3. Ajuste la temperatura del horno de la freidora a 300ºF (149ºC). Presione Iniciar para comenzar a precalentar. Cubra la bandeja perforada del horno de la freidora con papel pergamino.

4. Coloque el pescado rebozado sobre el pergamino y rocíe con aceite.

5. Hornea por 4 minutos. Voltee el pescado, rocíelo con aceite y hornee por 4 minutos más hasta que el pescado se desmenuce fácilmente con un tenedor.

6. En un tazón pequeño, bata la mantequilla, el jugo de limón, la salsa inglesa, la sal, la pimienta y la salsa picante hasta que se mezclen.

7. Sirve con el pescado.

Lightning Source UK Ltd.
Milton Keynes UK
UKHW022138100521
383500UK00003B/263